O caminho para dentro de mim

O caminho para dentro de mim

Cris Devakant

Editoração eletrônica:
Cris Devakant
Ivan Silva Oliveira

Revisão:
Alessandra Cordeiro

Capa:
Cris Devakant

Ilustrações:
Rafaela Aquariana

ISBN: 978-65-00-09010-9
ISBN: 978-65-00-09011-6

1ª edição

www.crisdevakant.com

São Paulo

Dedicatória

*Dedico esse livro
com todo meu amor a todas as pessoas que decidem se
responsabilizar pela própria vida, tomando as rédeas da sua
autocorreção e trilhar o caminho interno de si mesmas para enfrentar
seus fantasmas e revelar sua luz.*

Sumário

Prefácio

Fora do seu tempo, talvez não, mas dentro da nossa alma. Era o que sentia a cada palavra. Um livro que fará com que você repense critérios e metas.

A cada linha eu voltei em mim, retornei a quem amava e me recoloquei aonde sempre quis estar.

Mas isso foi direcionado, foi pensado, foi recolocado. E é assim que me senti ao ler esse livro.

Uma dinâmica com meu eu, de idas e vidas. Entre a criança e a adulta, que aqui vive e que muitas vezes sobrevive, mas insiste em viver intensamente. E esse caminhar foi colocado diante dos meus olhos, que ficou feliz por ter me reencontrado.

Respire fundo e entre nesta viagem, para dentro de você!

Alessandra Cordeiro
Jornalista, analista de SEO, consultora de mídias sociais, assessora de imprensa e uma apaixonada pela vida.

Agradecimentos

Eu agradeço ao Criador pela Luz recebida e pela oportunidade de compartilhar.
Agradeço aos meus ancestrais pela minha raiz.
Agradeço à minha família pela presença.
Agradeço a meu marido Ivan Silva Oliveira pelo apoio e companheirismo.
Agradeço à Alessandra Cordeiro pela parceria.
Agradeço à Rafaela Aquariana pela interpretação artística.

Introdução

Nós nos sentimos perdidos muitas vezes na vida, sem saber se seguimos o caminho certo, querendo mudar tudo, mas sem saber por onde começar ou que rumo tomar.

O fato é que não nos conhecemos e não sabemos nos escutar, não entendemos como podemos ter todas as respostas dentro de nós mesmos, se nos sentimos tão perdidos.

Buscamos respostas e ajuda na religião, em terapias, em livros, em cursos, em mestres ou qualquer busca externa que possa nos auxiliar.

Esperamos que algo de fora nos salve da situação que estamos.

Mas a vida é decorrente de causas e consequências, de livre escolha. Só não conseguimos entender como fomos parar no meio do redemoinho, sem saber como sair, o que pode por vezes perder o sentido da vida.

Comece do princípio, pelo essencial, se conhecendo, descobrindo a pessoa que mora aí dentro.

O *princípio*

Quando crianças, somos espontâneos e instintivos. Ali nossa alma se mostra puramente como é.

Começamos a ser educados, restringidos, moldados com a educação de quem está nos criando, que geralmente, são nossos pais.

Passamos a nos adaptar ao que somos condicionados para receber aprovação, como se fosse troca do afeto, para sermos aceitos.

Assim seguimos quando começamos ter a vida social, nos enquadrando aos amigos, à escola, aos relacionamentos, ao trabalho, à sociedade.

Empenhamo-nos em nos tornar o que atende à expectativa alheia.

Somos preparados para uma vida linear, com metas a cumprir: passar de ano, vestibular, faculdade, trabalho, namoro, casamento, filhos, casa própria, carro do ano, status social, sucesso. Como se essas coisas fossem garantia de felicidade.

Quando alcançamos alguns itens, descobrimos que isso, não nos realiza.

Pelo contrário, nos abre um cenário de desafios que muitas vezes nos massacra e nos distancia mais ainda da tal felicidade.

Quando não atingimos uma dessas metas, nos sentimos fracassados sobre o que os outros vão pensar de nós, minando qualquer autoestima.

Este tipo de ensinamento não nos prepara para a vida e para lidar com as situações emocionais, não temos qualquer preparo ou entendimento neste sentido.

Passamos uma vida nos sacrificando esperando aprovação das pessoas, para termos alguma confirmação do nosso valor.

Colocamos a nossa referência nas mãos dos outros e nos magoamos com quem não nos fornece este reconhecimento, da forma que esperamos.

Por outro lado, nos tornamos extremamente suscetíveis a bajulações que enredam nossa vaidade, tornando-nos presas fáceis para quem usa este tipo de ferramenta de manipulação, tanto em relacionamentos amorosos, de trabalho ou qualquer tipo de relação.

Quem sou eu?

Volte sua memória para criança que você era.

Lembre-se do que gostava de brincar, quais coisas chamavam sua atenção?

Como era você espontâneo?

Feche os olhos e busque o máximo de lembranças que conseguir.

Como você pensava que era a vida?

O que você queria ser quando crescesse?

Olhe para seus livros, filmes, sites, assuntos que mais te interessam. Isso são sinais, pedaços do seu quebra cabeça.

O que você gosta de fazer? O que te dá prazer? O que te entretém, o que te faz esquecer-se da vida?

Quais suas habilidades? Que para você sai facilmente, mas percebe que não é simples para todo mundo.

Seus interesses são muito diferentes de quando era criança?

Escreva todos os pontos numa lista, perceba o que se repete, o que sobressai nos seus interesses. Guarde esta lista e a alimente, conforme vai se lembrando.

A dor

Nós não sofremos aleatoriamente. Todos os processos de dor que passamos são para nos trazer lições que precisamos passar.

Temos a tendência de culpar o outro, nos sentirmos vítima, acusamos e contamos para todo mundo o que o outro nos fez, como se fosse uma forma de difamá-lo, o quanto ele é ruim e nós somos bons.

Enquanto me revolto olhando só para o que o outro causou, não consigo aprender a lição que a dor está tentando me mostrar e lá na frente vou encontrar outra pessoa que vai me fazer passar pela mesma situação.

Diante de qualquer sofrimento, preciso deixar de olhar o outro e o que aconteceu. É necessário prestar atenção no que estou sentindo diante do ocorrido. É esmiuçando este sentimento, que vou começar a me conhecer nas partes que não são boas em mim.

Por isso, que é mais fácil culpar o outro, porque não quero assumir a responsabilidade, de uma parte de mim, que eu escondo ou não quero enxergar.

A dor nos para no tempo, achamos que superamos porque a vida segue, mas aquilo que não foi curado permanece vivo fora da nossa consciência.

Por isso, o que mais tememos, no fundo, é o que desejamos. Parece um absurdo, mas é assim, que nos autossabotamos.

O que negamos e reprimimos, cresce silenciosamente dentro de nós.

O medo que não foi entendido, nem resolvido fica escondido, lá na escuridão do que não queremos ver. Mas como não deixa de existir, inconscientemente, o atraímos em novas situações e relacionamentos, que o tragam à tona novamente para termos outra oportunidade de aprender a lidar com a situação.

É parte de nós, o nosso lado obscuro, que não enfrentamos. Buscamos apenas sermos pessoas melhores, mas não temos como fazer isso, sem conhecer nossas sombras.

19

que o tragam à tona novamente para termos outra oportunidade de aprender a lidar com a situação.

É parte de nós, o nosso lado obscuro, que não enfrentamos. Buscamos apenas sermos pessoas melhores, mas não temos como fazer isso, sem conhecer nossas sombras.

A sombra

Nós temos o dia e a noite. Durante o dia vemos as coisas mais claramente, temos compromissos e horários a cumprir. Estamos ligados à ação.

De noite as coisas não são tão claras, precisamos estar mais atentos, é mais perigoso. Estamos mais livres e mais ligados ao que sentimos, às nossas reflexões. Mas a noite também tem todo seu encanto, seu romantismo, sua sedução.

Não conseguiríamos viver só com dias de sol, sem a noite para descansar. Nem só à noite no escuro, sem o clarear do dia.

Assim, como precisamos do dia e da noite intercaladamente, somos luz e sombra. Um não existe, sem o outro, são partes integrantes de quem somos.

A noite é como nossa sombra. São todas as partes escuras que não temos conhecimento, onde vaga nossos sentimentos, nossos medos, todo nosso subconsciente que é a maior parte do nosso ser.

Nós temos uma concepção de bem e mal pregada de forma religiosa, que associa a luz ao bem e a sombra ao mal. Dessa forma, buscamos desenvolver a luz e reprimimos a sombra. Mas tudo que negamos nos devora inconscientemente.

Por isso, temos que ter coragem de enfrentar nossos medos e conhecer como realmente somos, com tudo de bom e com tudo de ruim, para conseguirmos curar as feridas da nossa alma e aprendermos a lidar realmente com quem somos, trazendo esses aspectos para consciência.

Portanto, quanto maior nossa sombra, maior nossa luz, porque mais coisas obscuras temos, para trazer para luz da consciência.

Somos como uma árvore, onde nossas raízes estão sob a terra, em nossa sombra, mas de lá que vem o alimento para o tronco e os galhos crescerem fortes em direção ao sol, nossos frutos, nossa luz.

A criança ferida

Quando somos pequenos e somos frustrados na nossa espontaneidade, reagimos de um jeito diante da limitação. Pode ser com rebeldia, chorando, agredindo, fugindo, nos escondendo, nos fechando. Temos um padrão instintivo de reação que era o que sabíamos fazer na época, quando nos sentíamos magoados, rejeitados, repreendidos, agredidos.

Esta reação que tomávamos nesta época, cai no automático. Nosso cérebro associa o tipo de reação quando disparado tal tipo de sentimento, como um gatilho.

Mudamos de cenário, saindo da infância, interagindo com mais pessoas, mas diante de uma situação similar, continuamos a reagir da mesma forma, sem perceber.

Isso não é causado pelos nossos pais, nossa alma já carrega esse tipo de ferida de outras vidas.

Nós escolhemos a família que vamos nascer, onde teremos os gatilhos necessários para tocar nos pontos que viemos lapidar, quando reencarnamos. As relações de sangue são nossas raízes, onde nos toca mais profundamente e temos mais dificuldade de nos desprender.

Um relacionamento que não faz diferença é mais fácil de abandonar e fugir. Dentro dos relacionamentos que desenvolvemos vínculos afetivos se encontram os maiores palcos de aprendizado.

Quanto mais difícil uma relação, mais temos a chance de crescermos.

Pense numa situação que hoje te incomoda, que te faz sofrer. Pergunte-se o que você sente diante disso. Qual o sentimento?

Vá voltando na sua linha do tempo e pensando em quantas vezes você se sentiu da mesma forma, por cenários e pessoas diferentes onde o sentimento se repetiu. Volte até a sua à infância.

O que acontecia, nessa época, que te fazia se sentir do mesmo jeito?

Essa dor, que se repetiu sua vida inteira, é uma dor da sua alma.

Hoje, já se passaram anos, mas você continua cometendo os mesmos erros?

Como você reage agora?

Ainda está reagindo do mesmo jeito?

Vou ilustrar um exemplo, bem comum, para ficar mais fácil de perceber.

Eu estou num relacionamento que me faz mal, mas não consigo sair porque tenho medo da solidão. Submeto-me a condições que me sinto cada vez mais triste e vou me distanciando emocionalmente.

Voltando na minha vida, percebo que por várias vezes entrei em relações nocivas que me feriram, mas não conseguia me desvencilhar.

Recapitulando até minha infância, quando eu não tinha atenção das pessoas, eu me fechava, me anulava num casulo como se não existisse.

Percebo, que quando não tenho atenção, quando me sinto rejeitada, eu me fecho. A solidão é um padrão que eu criei. Era o que eu sabia fazer quando era criança.

Quando hoje ainda me fecho, estou reagindo com minha criança ferida.

Não consigo verbalizar o que sinto, pois acho que o outro tem que notar sozinho, isso seria para mim, demonstrar que se importa.

Como isso não acontece, vou alimentando a raiva que sinto e cada vez mais sou agressiva diante das menores questões, porque dentro de mim, já virou uma bola de neve que só cresce o descontentamento.

Sinto-me infeliz, vítima, acho que faço tudo pelo outro e não me sinto correspondida. Sinto-me ferida.

Aqui conheço minha tristeza, pelo meu medo de ser rejeitada, rejeito antes me fechando no meu mundo, me distanciando dentro do relacionamento quando não sei me comunicar.

O mais duro é perceber que não me amo, não me acho realmente merecedora de amor, temo que não tenha outra chance de me relacionar, então me sujeito a passar por isso.

Tristeza, rejeição, raiva, solidão, autopiedade, falta de clareza, de comunicação, falta de amor próprio. Quanta coisa para entender e curar dentro de um pequeno exemplo de uma situação tão comum a tantas pessoas.

Por isso, que leva muito tempo para aprendermos a cuidarmos de nós, primeiro para conseguirmos notar nossos comportamentos e às prisões que nos colocamos a vida toda.

É tão difícil de admitir para mim, as minhas próprias deficiências. E quando finalmente consigo perceber o mal que me faço, me culpo, me sinto mais impotente e fraca, desvalorizo-me ainda mais.

Porque no fundo, não sabemos nos amar, não sabemos o que é amor de verdade ainda.

Toda situação que me coloco, eu permito que aconteça. Entro numa rede diária que vou desenvolvendo com vários padrões de autodestruição enquanto vou culpando o mundo pelos meus fracassos.

Enquanto não me responsabilizar por quem eu sou e decidir aprender a lidar comigo, curar minhas feridas e trabalhar para me desenvolver com amor, continuarei presa nos meus erros, me afundando.

Aprender pela dor

É imprescindível nos conhecermos, especialmente o que temos na sombra do inconsciente, conhecer nossa raiva, nossa dor, nossa revolta, nossa mágoa, nossa tristeza e especialmente ter consciência, quais as situações que disparam esses sentimentos dentro de nós, quais são nossos gatilhos.

Todos esses sentimentos são energias que nos fazem mal, nos adoecem.

Todo sentimento negativo que alimentamos com vários pensamentos igualmente negativos, vitimismo, autopiedade, reclamações, ao longo do tempo, vai crescendo dentro de nós como um veneno a nos contaminar.

É como uma poeira que vai se acumulando nos cantos escondidos do nosso interior, como não percebemos, não sabemos limpar e continuamos no mesmo comportamento, uma hora isso se materializa através de doença ou acidente.

Quando passa do corpo emocional e mental, para o físico, é o último passo, porque precisa ser expurgado de dentro de nós.

Só percebemos a doença quando se manifesta. Tratamos a dor, mas não temos consciência da verdadeira causa que é emocional, que logo se manifestará novamente.

Toda doença mostra uma leitura do emocional correspondente, pela parte do corpo que afeta. O corpo nos mostra todos os sinais que não sabemos ler.

Toda doença é emocional, uma somatização da nossa saúde psíquica.

Não aguentamos uma situação ruim, mais que dois anos, sem adoecer.

O acidente não é um fatalismo, é igualmente outra forma mais abrupta de revelar o que não estamos vendo.

Nosso corpo guarda todas as nossas memórias inconscientes, desta e de outras vidas.

Acessar o nosso subconsciente é mais difícil pelo nosso aspecto racional, já que este nos limita, dentro do que aceita como verdade.

Podemos acessá-las mais facilmente por métodos e terapias que trabalham diretamente com o inconsciente, com vivências, meditações, músicas, desenhos, pinturas, sonhos.

Neste caminho precisamos romper nossas barreiras da nossa lógica julgadora que não nos permite nos entregar para esta trilha desconhecida.

A dor é a forma natural que a vida nos traz para aprendermos as lições que precisamos, pois expõe o que precisamos curar em nós.

A consciência

A concepção que temos da vida é formada pela visão que recebemos dos nossos pais. Como eles são nossa referência de autoridade, deixamos o que acreditamos e absorvemos a visão deles como verdade.

Isso é tão forte e arraigado em nós, que agimos dentro das crenças deles, que são os valores absorvidos, repetindo muitos pensamentos que são limitantes, como preconceitos, aversões, clichês amorosos e financeiros.

Mesmo quando discordamos, agimos negando essas crenças que nos formaram na infância.

Porém, nossos pais são pessoas como todos nós, com todas suas deficiências também, que agiram igualmente em consequência do que eles passaram com nossos avós, que reproduziram no inconsciente o que passaram com nossos bisavôs.

Por isso, que a ancestralidade é tão forte, muito mais que nos damos conta e ali também é um grande mundo que traz muita informação para nos conhecermos.

Observar as histórias e características que foram repetitivas dentro deste sistema familiar, nessa hereditariedade, onde moram todas as marcas e dores desta grande gama dentro do nosso inconsciente.

Pense na sua gestação. O que sua mãe passava enquanto você estava dentro da barriga dela? Quais situações que ela vivia?

Pense nela como uma pessoa conhecida que te conta uma história, se coloque no lugar dela e imagine o que ela sentia diante de tudo que passava durante os nove meses da gestação e os três meses antes da concepção.

Você sentiu tudo isso junto e todo esse sentimento está misturado no seu inconsciente, com o que você sente. Você nem sabe o que é seu e o que não é. Tem coisas que identifica como seu, que eram da sua mãe.

Mais além, a concepção, a gestação e o nascimento da sua mãe, o que sua vó viveu nesta fase, também está somado como carga no seu inconsciente.

Toda essa carga genética se mistura, não só no nosso corpo físico, mas no psíquico que desconhecemos também.

A visão de nossos pais era tão doente quanto a nossa. Somos muito limitados ainda, como almas na nossa concepção de consciência.

Ainda carregamos o inconsciente de um grupo maior que fazemos parte, que é a sociedade. Que carrega também todas suas crenças limitantes, conforme sua história e suas gerações.

Nós somos um apanhado de tudo isso.

O espelho

Cada um tem uma concepção de mundo diferente. Mesmo filhos criados na mesma família, já são almas distintas que carregam histórias pessoais, juntando com o que absorvem dentro de todo panorama familiar e social, somando com o que cada um tem de experiência de vida, cada um tem sua própria verdade.

Vemos o mundo através da nossa ótica. Não enxergamos as pessoas como realmente são, enxergamos como nós somos.

Tudo que vejo no outro, tem em mim. O que me incomoda no outro, incomoda porque é um aspecto meu que nego, toca uma ferida minha que não tenho consciência.

Os relacionamentos são espelhos para nós. Através das relações descubro quem eu sou diante do que penso e sinto diante de cada um.

Mas é um caminho duro de perceber e aceitar.

Quando alguém julga, está falando de si mesmo. Ele expõe como é seu mundo interno, seus pensamentos, seu raciocínio, suas crenças, seus sentimentos.

Se este julgamento dói, é porque está batendo numa ferida interna, inconsciente.

Tem medo do julgamento, quem julga os outros.

Aqui chegamos ao ponto pelo qual nunca seremos reconhecidos pelos outros da forma como desejamos. Cada um está vendo apenas a si mesmo.

E como passamos uma vida tentando cumprir o que imaginamos que esperam de nós e nos perdemos de quem realmente somos.

Colocamos na mão dos outros o reconhecimento do nosso valor que nós não sabemos nos dar. Assim esmagamos qualquer autoestima, pois tentamos construir um autovalor que se vende e se auto-afirma por uma aparência externa, através de máscaras, que construímos para sermos aceitos.

Mãe e Pai

Da relação com a mãe resulta a nossa concepção de amor e da relação com o pai, nossa concepção de força.

Quando nascemos já trazemos essas feridas e expectativas de amor que depositamos no relacionamento com a mãe. Esperamos que ela nos supra em nossas carências.

Porém, nenhuma mãe tem como suprir as expectativas que àquela alma já carrega, nem que ela viva em função disso, porque afinal, também é outra alma com suas características e limitações.

Tudo que fica frustrado no relacionamento com a mãe, projetamos nos relacionamentos amorosos, esperando que estes consigam suprir nossas expectativas internas.

E aqui caímos na armadilha de ficar repetindo erros e relacionamentos, buscando que o outro cure nossas dores, despejando coisas que ninguém tem condições de realizar.

Igualmente da relação que temos com o pai, decorre o que temos de concepção de força interna, como lidamos com nossos problemas, como sustentamos as coisas.

Pode ser por seguir o exemplo, ter aversão à atitude dele ou querer compensar algo que faltou. Seja lá qual for o comportamento aqui, decorre do entendimento que temos dessa relação paternal e influencia diretamente no relacionamento que temos com o profissional.

Curar as feridas

O primeiro ponto é acolher as dores da sua criança.
Guarde um momento sozinho para fechar os olhos e imaginar você pequeno passando por todos os sentimentos difíceis. Imagine você hoje grande cuidando de você pequeno.

Faça por aquela criança o que era a expectativa dela, pois só você sabe o que ela precisa, como ela queria ser tratada, amada e protegida, pegue-a no colo, dê carinho, converse, acolha-a na sua imaginação.

Ninguém é capaz de te curar, só você mesmo.

Nenhum terapeuta, relacionamento amoroso, família, ninguém vai saber o que você precisa para se curar, mesmo que você peça.

Só você é responsável por ti mesmo.

Da mesma forma que não tem como curar o outro, nem um filho. Ele mesmo terá que fazer isso por si.

Somos almas, nascemos sós e partimos sós dessa vida, porque cada um está trilhando seu próprio caminho individual de crescimento.

Nós conseguimos apenas auxiliar na cura do outro, se ele estiver aberto e estiver ajudando a si mesmo. E especialmente só levamos o outro por onde já caminhamos.

Ninguém salva ninguém.

Precisamos ter coragem de enfrentar todos estes fantasmas, fazer todas essas reflexões, buscar todos esses pedaços de nós mesmo em tantos sinais que a vida nos dá diariamente, o tempo todo.

É um trabalho de auto-observação sem fim.

Perceber que a nossa criança ferida é que comanda a maior parte da nossa vida.

A criança ferida dentro de nós é o nosso ego.

Nós fazemos o que sabemos fazer, ela fazia o que sabia na época.

Não se martirize com as dores que descobrir não se culpe.

Perdoar a si mesmo é o principal acolhimento.

Lei da atração

Todo pensamento, todo sentimento tem uma vibração.

Achamos que ninguém sabe o que se passa em nossa cabeça, enquanto construímos uma máscara de aparência feliz e bem sucedida. Engano nosso, pois o que temos dentro tem uma vibração que emana de nós sem nossa percepção.

Para ilustrar melhor como isso funciona, segue uma tabela da frequência que emanam os pensamentos:

Pensamento	Frequência (hz)	Movimento
Vergonha	20	Contração
Culpa	30	Contração
Apatia	50	Contração
Tristeza	75	Contração
Medo	100	Contração
Desejo	125	Expansão
Raiva	150	Expansão
Orgulho	175	Expansão
Coragem	200	Expansão
Neutralidade	250	Expansão
Disposição	310	Expansão
Aceitação	350	Expansão
Razão	400	Expansão
Amor	500	Expansão
Alegria	540	Expansão
Paz	600	Expansão
Iluminação	700-1000	Expansão

Funciona exatamente como uma frequência de rádio, você sintoniza o canal que escolhe se ligar.

Nós atraímos o que emanamos. O que eu ofereço ao mundo, eu tenho de volta, porque nesta sintonia que me coloco.

Não tenho como abrir uma porta grande se minha vibração está baixa. Se eu estiver com medo, não vou alcançar a felicidade, só vou conseguir atrair mais medo, mais do que já estou passando.

Por isso, parece que quando acontece uma coisa ruim, vêm várias de uma vez. Vêm mesmo, pois é aí que você está.

Quando somos assaltados, estamos na mesma frequência do assaltante, numa vibração baixa.

E, além de não nos darmos conta disso, nos revoltamos com mais dó de nós mesmos, contando para todo mundo, espalhando em palavras, colocando toda nossa atenção no assunto, congelados na dor por tanto tempo e continuamos a atrair mais do mesmo.

Aqui abrimos todas as brechas de nossa negatividade que nos coloca suscetível a atrair toda energia baixa compatível, entre situações e relações com pessoas encarnadas e desencarnadas.

A obsessão só acontece porque vibramos no mesmo padrão. A proteção não é externa, ela decorre do sentimento que emanamos. Uma pessoa de vibração baixa não consegue acessar outra de vibração alta.

O mundo interior

Nós passamos a vida voltados para a vida externa. Não somos educados a lidar com nosso mundo interior.

Quando você está de olhos abertos, está voltado para fora. Quando fecha seus olhos, está voltado para seu mundo interno.

Não nos damos conta que o primeiro relacionamento é conosco.

Você com você, aí dentro!

A forma que você se trata, você está falando para a vida que é assim que você merece ser tratado.

Quando você se maltrata por causa dos outros, coloca os outros na frente, se subjulga, se menospreza, se desvaloriza e se culpa assim você está declarando que a vida te trate.

No gancho que a noção de amor vem da relação com a mãe, este amor não só descreve o que você tem de entendimento de relacionamento amoroso. Mas é a evolução do sentimento amor que há dentro de ti. Amor em sua plenitude, por tudo, por todos, pela vida, por ti mesmo.

Como a mãe é a representação do que entendemos por esse sentimento, o que temos de mal resolvido nessa relação, temos mal resolvido dentro de nós.

Isso se manifesta de uma forma reflexiva, como tratamos nossa mãe, a vida nos trata. Porque aqui materializamos a nossa compreensão de afeto, consequentemente, atraímos o que emanamos.

O que sentimos pelos nossos pais, determina o sucesso que temos na vida.

Não quer dizer que necessariamente vamos conseguir resolver as relações com eles, porque para muitos é uma coisa extremamente difícil, que não depende apenas de um lado. Mas é essencial resolver essas relações dentro de nós.

Na hierarquia do sistema familiar, a única dívida que não tem como ser paga é dos filhos com os pais, porque estes lhe deram a vida.

Eles podem ter sido horríveis, até ter abandonado o filho, ainda assim é uma dívida que só é quitada quando doamos a vida, tendo filhos para continuar esse sistema. Pois, cada criança que nasce ajuda a transmutar a energia deste grupo.

Ter filhos ajuda muito a ressignificar o papel, você passa a entender muito os pais, quando muda de posição. E mesmo assim se pega reproduzindo as mesmas coisas que você não gostava que fizessem com você. Percebe o quanto é forte esta raiz inconsciente.

Você só consegue enxergar realmente o outro, quando consegue se conhecer de verdade para sair das projeções das relações.

Passamos uma vida sendo estimulados à competição, a nos sobressair, a vencer os outros.

No final nosso maior inimigo somos nós mesmos.

Vencer o próprio ego é o maior desafio.

Deste ego ferido que se desdobram todos nossos defeitos. Nós causamos as nossas dores.

Como mudar a energia

Existem várias ferramentas que ajudam a mudar nossa energia e do ambiente, que trabalham diretamente com nosso inconsciente.

Cheiros através de essências, incensos, até casca de fruta, como limão ou laranja.

A iluminação e o uso de cores nas paredes e nas roupas influenciam no estado de espírito.

Músicas nos conduzem, é necessário ser muito seletivo e cuidadoso com as escolhas das músicas, porque mexem com nossa vibração.

Limpeza e organização. A casa é nosso templo, é o que contém o indivíduo e reflete nosso estado de espírito. Nossos pensamentos ficam impregnados nas paredes como carimbos. Objetos que não tem uso ou quebrados estagnam energia da casa.

Conforme colocamos as coisas em ordem e deixamos o ar circular, mexemos na energia de quem mora na residência.

Fazer atividade física movimenta o corpo e muda a vibração.

Respirar é a forma mais simples de se proteger, aumentar seu campo vibracional.

Existem muitas técnicas de respiração: pelo tórax, pelo diafragma, pelo abdômen, inspirar e expirar pela narina ou intercalar pela boca. Inspirar por uma narina, soltar por outra, contar o tempo da inspiração, dobrar o tempo da expiração, manter o mesmo, prender o ar entre inspiração e expiração. São a base do aprendizado da meditação.

Meditar é estar presente no momento, a prática que desenvolvemos para a mente aprender a não ficar vagando em outras coisas, até conseguir silenciá-la.

A meditação pode ser ativa, pela dança, pelo caminhar, pela corrida ou em atividades rotineiras, como lavar a louça, estar prestando atenção só no que está fazendo. É um exercício mental do estado de presença.

Alimentação influencia diretamente. Os alimentos também têm vibração, o que emanamos quando estamos cozinhando também passa para quem ingere a comida.

Alimentos naturais têm propriedades que ativam produção de substâncias em nosso organismo, capaz de interferir além da imunidade, no humor e na vitalidade. São ferramentas importantes no combate à depressão. Assim como há alimentos que nos enfraquecem e escravizam.

Ter consciência de tudo que você consome por várias vias, se está te nutrindo ou te sugando.

Transformação

Uma energia não some no universo, ela se transmuta.
Assim como a raiva é a mesma energia da força de ação, a força de ação represada se manifesta em raiva.

Ter consciência que toda energia tem polaridades, ajuda-nos a identificar mais rapidamente os aspectos e a ter clareza para aprender a direcionar da forma que escolhemos.

Todas as ferramentas citadas influenciam o nosso campo vibracional, mas a transformação depende do nosso entendimento, é um caminho individual e íntimo.

Depois de chegar ao conhecimento de suas dores, é preciso transmutá-las.

Feliz de quem transforma a dor em arte.

Todos nós temos algo que gostamos de fazer, a tal ponto de limpar nossa cabeça, de esquecer-se do tempo e de tudo enquanto executamos.

Alguma coisa simples que não requer necessariamente técnica ou formação, como desenhar, pintar, cantar, dançar, correr, nadar, cozinhar, costurar, plantar, escrever, etc. Qualquer coisa que seja da sua natureza, que faça parte da forma de expressar sua criatividade e seus sentimentos.

É essa atividade que te faz bem, que é sua terapia, que te nutre e por onde você transmuta suas dores em coisas boas.

Nós temos uma concepção de que lazer é o primeiro item a ser descartado diante da falta de tempo, de obrigações ou da condição financeira.

Porém, esta é exatamente a chave que alimenta nossa alma a mantê-la numa vibração mais alta, porque aqui estamos fazendo algo pela nossa saúde emocional, que nos nutre para ajudar com nossas oscilações.

Assim como o alimento nutre o corpo, fazer algo que gosta, alimenta a alma.

A transformação é um processo diário que não acaba nunca, sempre temos que estar nos observando como nos sentimos diante das situações e fazendo escolhas conscientes de como lidamos conosco.

Todas nossas irritações e frustrações advêm desse ego que quer ser notado, mimado, querido, atendido e cuidado o tempo todo.

Observe-se durante o seu dia, os incômodos aparecem nas coisas mais bobas e corriqueiras, muitas vezes diante de uma simples frase nos sentimos depreciados, cobrados, ignorados. Basicamente, porque as coisas não saem do jeito que a gente quer. Isso normalmente nos torna reativos de uma forma negativa.

Não quero dizer que temos que ser passivos, mas conscientes dos pontos que desencadeiam nossos incômodos e onde pega em nós, entender porque nos sentimos assim, para que consigamos nos frear e nos dominar quanto aos impulsos diante do que nos fere. Porque, senão ficamos presos ao mesmo padrão, que abre nosso lado sombrio que normalmente sai de forma avassaladora entre palavras e atitudes agressivas, que destroem nosso entorno, nossas relações e a nós mesmos.

Conseguirmos nos dominar diante desta força que nos corrói por dentro é o ponto mais difícil.

Através da percepção de toda vez que isso surge em nós, começamos a trabalhar o caminho de encontrar uma ação consciente, que começa em conter a reação instintiva, para depois começar fazer escolhas mais claras de um grande potencial de autodomínio, pouco conhecido e utilizado.

Aprender a direcionar nossa vida de forma construtiva, em que possamos sentir realmente passos do nosso desenvolvimento ao lidar com questões que são difíceis, nos enxergando em ações diferentes do costumeiro.

Uma situação só muda quando mudamos nosso comportamento diante dela, porque o que precisa mudar somos nós. O fato serve apenas de ferramenta da lição que precisamos vivenciar.

Só passamos pelo que estamos prontos a enfrentar, então comece a sentir que se uma nova lição se apresentou, é porque você dá conta. Cada nova situação é uma nova oportunidade de nos desenvolvermos.

Não temos êxito todos os dias diante de cada prova. Mas todo dia é um novo dia, não seja tão duro com você mesmo, seja firme, mas saiba ser amoroso e se acolher quando sentir que precisa. Negociar consigo mesmo e procrastinar é uma relação que você mesmo colhe a consequência, então a escolha é sempre sua.

É um trabalho de formiguinha, a melhoria vem com a prática e vai ficando cada vez mais fácil se perceber.

Uma modificação não é um processo mágico, que acontece de uma hora para outra, é trabalhoso virar uma chave interna para nos tirar de um condicionamento automático, um caminhar através de pequenos passos, pelos hábitos.

E são os hábitos que formam nosso destino.

Sofrer é opcional

Toda dor é temporária, como tudo na vida.

Quando você vai tomar uma injeção, o primeiro sentimento é do medo, por saber que vai doer, mas a sensação física mesmo é muito rápida. Dói mais a imaginação.

E assim causamos nosso próprio sofrimento com o que pensamos ou com o que imaginamos que pode acontecer, com as pré-ocupações, expectativas, idealizando o que os outros vão pensar.

Nada disso é real, quando acontece, é totalmente diferente de qualquer coisa que perdemos tempo imaginando.

Ficar pensando em hipóteses não nos faz estarmos mais preparados para uma situação, na verdade causa mais ansiedade e temores.

Ansiedade é viver no futuro.

Conhecer a ti mesmo e observar suas emoções te torna mais preparado para lidar com qualquer situação que ocupar sua mente com um monte de suposições.

Ter consciência de nossos medos e ter coragem de encará-los, nos coloca vigilante, como se estivéssemos olhando-os nos olhos atentos, sem baixar a guarda. Se recuarmos, ele nos ataca.

A vida não acontece como planejamos, ela sempre é muito mais surpreendente, porque a nossa consciência é muito limitada. Nossas almas são como crianças na pré-escola.

O sofrimento é como o quarto escuro que corremos para chorar sozinhos encolhidos no canto do chão.

É o lugar conhecido que vamos para dentro de nós quando as coisas ficam difíceis. Nossa zona de conforto.

Sair do sofrimento é lidar com o desconhecido. E aqui ainda não sabemos como agir.

É quando escolhemos parar de chorar, levantar do chão, acender a luz do quarto, respirar e lavar o rosto.

Quando cansamos de sofrer e decidimos sair de lá.

A dor é inevitável, mas o sofrimento é opcional.

O sofrimento nos congela no tempo, onde ficamos presos até quando determinamos sair. O movimento dissipa a dor e o entendimento vem com o tempo.

Tudo que negamos nos prende no tempo. Aceitar as coisas, como aconteceram e como são nos libertam, para seguirmos em frente, com uma nova atitude.

Mudar o padrão

O ponto é aprender a perceber quando uma situação se repete no momento em que ocorre. Quando já sabemos qual o gatilho que dispara em nós e identificamos nossa emoção recorrente.

Mesmo assim, ela ainda parece ser mais forte que nós e, o automático nos domina.

Num segundo estágio conseguimos parar antes, perceber na hora que acontece e nos conter. Depois conseguimos fazer uma escolha diferente escolhendo como o adulto, que a princípio sai de forma artificial.

Lidar com o desconhecido é sempre uma sensação nova. Por fim, conseguimos agir com mais naturalidade e consciência.

E então, chega o ponto que a situação não nos causa mais o mesmo sentimento. Até que ele para de se repetir, porque aprendemos aquela lição.

Há um poema em "*O livro tibetano do viver e do morrer*" de Sogyal Rinpoche que ilustra bem isso:

Autobiografia em 5 capítulos:

CAPÍTULO 1
Ando pela rua
Há um buraco fundo na calçada
Eu caio
Estou perdido...sem esperança
Não é culpa minha,

Leva uma eternidade para encontrar a saída.

CAPÍTULO 2
Ando pela mesma rua.
Há um buraco fundo na calçada.
Mas finjo não vê-lo.
Não posso acreditar que estou no mesmo lugar.
Mas não é culpa minha.
Ainda assim leva um tempão para sair.

CAPÍTULO 3
Ando pela mesma rua.
Há um buraco fundo na calçada
Vejo que ele alí está
Ainda assim eu caio... é um hábito.
Meus olhos se abrem
Sei onde estou
É culpa minha.
Saio imediatamente.

CAPÍTULO 4
Ando pela mesma rua.
Há um buraco fundo na calçada
Dou a volta.

CAPÍTULO 5
Ando por outra rua.

Este processo não é fácil, nem rápido, é trabalhoso e requer esforço, atenção e dedicação. Repetimos muitas vezes o mesmo passo até mudarmos de estágio.

A vida não é linear, é cíclica. Quando vencemos uma etapa, vem a próxima.

Diante de uma dor, pergunte-se:

Quem está reagindo é o adulto ou a criança?

Contenha-se, respire.

Por que isso está doendo no meu ego?

Como escolho agir agora?

Aprender a ser feliz

Tudo que precisamos para sermos felizes já está presente em nossa vida atual, no nosso dia a dia.

Depende para onde estamos olhando e de que forma.

Podemos nos sentir felizes diante de um olhar, um sorriso, uma palavra, um gesto, um amanhecer, um animal de estimação, diante da natureza.

É saber também, o que desperta em ti um sentimento bom.

Não é tapar o sol com a peneira e viver num mundo de ilusão, porque estarmos o mais consciente de tudo o tempo inteiro é extremamente necessário para sabermos conduzir a nós mesmos.

Mas ao que você dá atenção, cresce, como uma planta sendo regada. Eis o poder da gratidão. Quanto mais você agradece o que tem de bom, mais coisas boas acontecem.

A felicidade é conquista interna, um estado de espírito que desenvolvemos e aprendemos a encontrá-lo dentro de nós. O mundo que conhecemos é um reflexo do nosso mundo interno.

Por isso, estamos ainda mergulhados num mundo tão doente, este é o nosso estágio ainda como almas. Criamos nosso mundo de acordo com o que sentimos, através da nossa habilidade de lidar com nosso emocional e nosso mental.

Aprender a conduzir cada sentimento, a conhecer todos, saber onde eles estão e aprender a ter domínio sobre si mesmo.

A vida reage ao que somos.

Escolhemos reencarnar e estarmos aqui porque é onde temos a maior oportunidade de crescermos pelos relacionamentos, tudo mais é um grande palco que materializa o que precisamos para nos desenvolvermos.

Aqui é uma grande escola e um grande hospital, em que podemos trabalhar nossas curas e aprender sobre nós mesmos.

Estamos aqui para nos corrigirmos.

Aprender como todos estão ligados de uma maneira tão profunda e inconsciente, como nossas escolhas afetam não só a mim, mas a todo o entorno que faço parte.

Por isso, que todas as religiões, cada qual a sua doutrina, tentam ensinar que o caminho é pelo amor. Pois, esse é o sentimento que ilumina a escuridão do nosso ego.

Aprender a se amar, amar ao próximo como a ti mesmo. Aprender a confiar em ti e na vida, que há algo maior que nos guia, dando o nome que quiser, mas tenha fé para continuar sempre caminhando para frente.

Todas as respostas que precisamos estão onde menos sabemos olhar, dentro de nós.

A chave é seguir sempre seu coração. Diante do que você sente e aprendendo o que significa.

Quando consigo mudar a mim, mudo a minha vida.

Somos gotas num oceano, cada gota modificada, resulta no todo, na humanidade.

Só transformo o mundo quando transformo a mim mesma.

www.ingramcontent.com/pod-product-compliance
Lightning Source LLC
LaVergne TN
LVHW021010200726
843506LV00012B/2258